ISBN 978-1-7751639-1-6

Ce livre est dédié avec amour à tous les enfants partout dans le monde.
Gratitude et remerciements particuliers à Angel Brkic dont le talent artistique a apporté à la vie nos personnages bien-aimés.

Texte Copyright 2015, 2017
Illustrations Copyright 2015, 2017 tous droits réservés

Matlox Publishing

"«il va être une bonne journée aujourd'hui», a déclaré Lizzy comme elle s'assit pour manger son petit déjeuner."

"vous semblez heureux ce matin," a dit la mère de Lizzy. «Oh, je suis», a déclaré Lizzy. «le professeur nous a dit qu'un garçon de la Chine va être dans notre classe et il ne parle pas l'anglais, mais je veux vraiment être son ami.»

Quand Lizzy a obtenu en classe, elle s'assit à côté du nouveau garçon dont le nom était Chin et elle lui sourit et dit: «Salut je suis Lizzy.»

Chin regarda Lizzy et se détourna. Il avait l'air effrayé. Lizzy a continué à essayer de parler à Chin, mais plus elle a essayé le plus triste et plus effrayé, il regardait.

Chin a même commencé à pleurer quand le professeur lui a posé une question.

Quand Lizzy est rentrée de l'école, elle est allée dans sa chambre et s'est assise sur son lit.

Elle fermait les yeux et imaginait ce que ce serait que d'être dans un pays différent où tout le monde parlait une langue qu'elle ne comprenait pas. Lizzy pensé à la façon dont effrayé et seul elle se sentirait si elle était Chin.

Elle pensait et pensait à ce qu'elle pouvait faire pour laisser Chin savoir qu'elle voulait être on amie. Lizzy a sauté du lit.

Elle a trouvé un papier, des crayons de couleur et d'autres fournitures, puis elle a commencé à couper et coller des choses sur le papier.

Quand Lizzy avait fini, elle l'a mis dans son sac à dos afin qu'elle se souvienne de prendre le papier à l'école dans la matinée.

Quand Lizzy est arrivée en classe, elle a montré le papier qu'elle a fait au nouveau garçon. Il regarda le papier sourit et ensuite pointé à lui-même avec un regard questionnement.

Lizzy hocha la tête. "Oui, c'est vous menton" dit-elle.

Quand la cloche sonna Lizzy se dirigea vers le nouveau garçon Chin et prit sa main. "allons jouer à ma maison."

«Je veux que vous rencontriez mes amis, Tommy et Victoria», a déclaré Lizzy. Ils ont tous sauté corde, rebondi une balle, et a joué tag. Chin riait et s'amusait.

Quand Lizzy s'assit pour le souper, son mère demanda: «Comment as-tu fait pour que Chin comprenne que tu voulais jouer avec lui?»

Lizzy courut dans le placard et a obtenu le papier qu'elle avait montré Chin. "«c'est ce que j'ai fait Momma», a déclaré Lizzy." «Je me suis mis à sa place et je savais que je me sentirais effrayé et seul aussi si je ne comprenais pas ce que les gens disaient.» Je pensais que je pouvais lui parler avec des photos.

«"c'était une grande idée Lizzy," son mère a dit comme elle la a donné un câlin.»"tout le monde comprend la langue de la bonté."

www.ingramcontent.com/pod-product-compliance
Lightning Source LLC
Chambersburg PA
CBHW041538040426
42446CB00002B/142